Hans Hollweg

Am Riesenbaume keine Pflaume

Originalausgabe

ISBN 3-8311-0312-7

(C) 2000 Hans Hollweg
        CH-3084 Wabern bei Bern

Herstellung: Libri Books on Demand
        Printed in Germany

Hans Hollweg

Am
Riesenbaume
keine
Pflaume

Gereimte
Beobachtungen

Zahl und Tal
****

Zoo

Der Elefant - gesellig -
fragt die Leute: "Sand gefällig?"

Zeitverschwendung

Ich schwamm am letzten Urlaubstage
leider nur symbolisch -
war halt melancholisch.

Was ich dazu jetzt sage?
Gut hätt' Sport mich abgelenkt.

Es ist wohl keine Frage,
dass man erst später Kluges denkt.

Zeitgeschmack?

Einstens welch Skandal:
Musik, die atonal.

Sie wurde zwar modern –
doch wer hört derlei Klänge gern?

Zauberer, der keine Spur bezaubert

Zirkusfreunde nannten seine Nummer "Kram",
was er krumm und immer krummer nahm.

Zahn der Jahrzehnte

Das Denkmal ist verwittert,
der Geehrte schaut verbittert.

Wunder dauern länger

Folgende Illusion
hatten gar etliche schon:
Meinten, vom Faulenzen werden sie reich -
und obendrein sogleich.

Wohnzimmerschmuck

Heimgeschleppt in Tasche
wurd' voll Wasser eine Flasche.

Nach dem Leeren
konnte man sie keineswegs entbehren:
Für betörend schöne Rosen
diente sie als Vase.

Neben ihnen Tulpen, die in Dosen,
und aus Plüsch ein Hase.

Wintersport?

Ein jeder rodelt -
der Reeder jodelt.

Wind und Regen

Wozu war meine Mütze
nütze?

Ich wollt', dass sie mich schütze -
die Böse aber fiel in eine Pfütze.

Widerspruch

Zwei Knaben gingen übern Rasen,
sahn von fern 'ne Ziege grasen,
haben ängstlich sich versteckt. -
"Sonst hätten wir das Tier erschreckt."

Wetterprophet

Ich setz' ins Bild mit Vorbehalt:
Vielleicht wird's warm, vielleicht auch kalt.
Wie gut ich meines Amtes walt'!

Werbespots mit Rahmen

Programme auf unserm Kanal
sind geistreich und bunt!

Obwohl sie banal,
tat emsig man's kund.

Werbepärchen: Sekretärin und Künstler

Die Dame will den Herrn
durch eigne Inseratgestaltung foppen,
seine Grafik-Selbstentfaltung stoppen,
denn für ihn sind ihre Kleider,
diese schicken, Luft.
Ewig trägt er leider
miese Kluft.
Mode-Lady sieht's nicht gern.

Werbefilme ohne Taktgefühl

Küssen für geschenkte Diamanten
müssen Frauen ihren Muffelkopfbekannten.

Werbeauftrag einer Molkerei

Der Texter macht sich's arg bequem,
schreibt ein dürftig Quarkpoem.

Wegwerfprodukt

Diese Uhr geht garantiert
kurz nur wie geschmiert -
ist dann ramponiert,
wird nicht repariert.

Wegwerfgesellschaft

Betören wolltet ihr mit altem Stahl?
Es stören abgelegte Töpf' im Tal!

Wecker

"Gepriesen"
haben Ihre Nachbarn heute Nacht:
Beim Niesen
zeigen Sie vernehmlich Pracht!

Warnend

Erregen würd' es die Gemüter
ringsum, Hanne,
wähltest du mich Ladenhüter
flink zum Manne.

Wankelmütig

Beredt war Rolf in uns gedrungen,
dass wir mit ihm gemeinsam bauen.

Als die Suggestion gelungen,
ist er plötzlich abgesprungen!

Dürfen, wo wir bleiben, schauen.

Violinist

Dächte Ernst doch nicht ans Essen,
an das schrecklich angebrannte!

Brächte er statt dessen
lieber ein Andante!

Verschwommen

"Zahllos" nennt man eine Zahl,
die im Grunde epochal.

Verheiratet, aber nicht miteinander

Chef und Chefin sahst du kuscheln
in der Tat?

Nie darüber tuscheln -
delikat!

Vergriffen

Viele gute Bücher, literarisch,
gibt es nur noch antiquarisch.

Vergessene Geldscheine

Der Fabrikant beteuert:
"Jeder Pfennig wird versteuert."

Unzufriedene Skiläufer

Manchen Winter spielt Frau Holle
eine winz'ge Nebenrolle.

Untertan?

Richard hat "Prinzessin" angeschmachtet,
sie vom hohen Rosse ihn betrachtet –
als wär' von ihr die Welt gepachtet.

Unterhaltendes im Fernsehn

Samstagabendsendung:
Gipfel der Verschwendung!

Unfähiger Direktor

Er wird, wie's ihm gebührt,
beständig ungerührt
am Gängelband geführt.

Unehrliches Verhalten

"Es tut mir furchtbar Leid" -
sich freuend gibt Herr B. Bescheid.

Undankbar

Bewundert wurd' ein Wasserfall
laufend von Besuchermassen;
dennoch nässte er sie all. -
Ist derlei wohl zu fassen?

Unachtsam

Dem Wetter stets getrotzt
hat eine Alpenwiese.

Doch Wanderclubs verletzten diese,
weswegen sie sehr motzt.

Theatervorstellung

Ein Bewerber hatte seine Arroganz verborgen,
wenig später machte sie der Firma Sorgen.

Theaterunterhaltung

Dauernd Munkeln und Geschwätz
im Ensemble des Balletts:
Verliebt ist ganz bürgerlich-brav
der Choreograph.

Theaterproblem

Da capo müssen wir uns sputen,
kommen sonst erst nach der Pause.
Flugs nun hurtig aus dem Hause!

Zu viel wird's bald des Guten.

Theaterautor

Niemand - zum Glücke -
versteht seine Stücke.

Theaterarbeit

Sorgfalt ließ der Herr Souffleur vermissen,
mimte aber den Charmeur beflissen.

Temperament und Würze

Fix geht manches in die Brüche:
Gilt für jede feine Küche.

Teiltalent

Ramona bracht' den Stein ins Rollen,
hat es halt so haben wollen. –
Vermag jetzt nicht, ihn aufzuhalten,
obzwar sich Nöt' für sie entfalten.

Taunustour

Regen, der mächtig geprasselt,
hatte den Wandertag prächtig vermasselt.

Stil und Spiel
****

Studienrat für Mathematik und Turnen

Er denkt, es tue Drastik Not,
sobald er mit Gymnastik droht - -
will sämtliche Schüler fanatisch verdrießen
und kann sein Verhalten quadratisch genießen.

Studenten am Traktor

Sie setzten voller Überlegung
alle Hebel in Bewegung -
erzielten trotzdem keine Regung.

Störenfried in Juristenfamilie

Eine Doktorarbeit schrieb er über Dramen,
hat bestanden sein Examen -
fiel nicht durch, doch aus dem Rahmen.

Stolzer Jüngling

Zwanzig Wochen hat der Sohn sich aufgebläht:
"*Ich* habe kürzlich die Wiese gemäht!"

Tückisch benahm sich das Gartengerät -
die zerrissene Hos' wurd' von Mutter genäht.

Früh nicht am Tage noch spät
hat nach ihrem Bemühen ein Hahn mal gekräht.

Statt zu arbeiten

Immer Skat spielt eure Werbeagentur.
In der Tat obskur!

Ständchen bei Nacht - aber für andere

Betreten ließen wir
verdiente Ruhe uns verpatzen.
Trompeten dröhnten bis halb vier!
Hart des Weitern die Matratzen!!

Sprichwort und Redensart

Neue Besen kehren gut:
Alter Hut!

Sprache und intellektueller Mime

Stets verwechselst du "elektrisch"
mit dem seltnen Wort "eklektisch"!
  Auf Dauer,
  mein Schlauer,
ist's bei uns für dich zu hektisch.

Spöttelnder Werbemann

Wer wohl seinen Ton verhexte,
dass so voller Hohn er texte?

Spezialtee?

"Spülwasser ist dieser Sud!
Unnötig jeder Disput!!"

"Könnten Sie dennoch probieren,
Stil zu beachten bei Ihrem Monieren?"

23

Spät gefreit

Endlos bleibt es unbestimmt,
ob der Mann mal Rücksicht nimmt.

Soziologe und Ferien

Auf dem Friesenrasen
drischt er Riesenphrasen.

Souvenirs als Müll

Wie unser Sommerurlaubstand zerronnen?
Nun füllt - und bis zum Rand - er Tonnen.

Souvenirhändler

Ich verkauf' geschäftig Kram,
spüre derart kräftig Scham,
dass ich voller Kraft mich schäm'
und mit Leidenschaft mich gräm'.

Schwaches Programm

Obzwar wir kläglich tingeln,
soll die Kasse täglich klingeln.

Schutzbedürftig

Zwei Knaben gingen kühn durchs Feld,
fühlten sich so recht als Held.
Friedlich kam ein Igel auf sie zu –
beide waren fort im Nu.

Schuppen von modernen Augen

Der junge Architekt
blieb staunend stehn
und hat entdeckt:
'ne Fülle prächt'ger Bauten steckt
in Alt-Athen.

Schulrabauke

Überspannt hat beim Schelten
den Bogen der "Bär".
Nicht selten
sind selbst Pädagogen vulgär.

Schlummer

Hatte mal geträumt,
mein Zimmer wäre aufgeräumt.
Bin freudig-froh erwacht:
Chaos hat mich ausgelacht!

Scheune

Ich schlief im Heu ganz tief und fest,
es war ein gar gemütlich Nest.

Der Knecht warf mich hinaus – –
die Bäuerin bat mich ins Haus.

Scheu

Hase, Wildschwein, Reh
hatten keine Angst vor Schnee,
obwohl das Futter knapp.

Allen Tierlein bange
machten Rodler mit dem Drange:
"Flott, flott, flott - ab, ab, ab!"

Schein und Sein

Am Riesenbaume
keine Pflaume -
doch am Bäumchen
feine Pfläumchen.

Schaufenster und Psychologie

Präsentiert wird kitschig Zeug,
dass jeder diesen Laden gern beäug'.

Schale

Elegant
gekleidet hatte sich der Gast.
Penetrant
war seine Dummheit - welch Kontrast!

Sachverhalt

Der Zwerg in Nachbars Garten
kann das Frühjahr kaum erwarten.

Ist's dann endlich eingetroffen:
Herbstesruh' beginnt er zu erhoffen.

Reim und Leim
****

Risiko

Wollt' mich gestern gut benehmen:
Schleunigst kam es zu Problemen.

Rhetorische (oder törichte?) Frage

Die Sonne schickt zum Teiche Glut.
Ob der Mond das Gleiche tut?

Reiselust

Die Tochter fand den Prater fies,
weil jenen ihr Herr Vater pries.

Reimer in modernen Zeiten

Ein Quentchen
fühle ich mich isoliert,
denn mein Talentchen
scheint mir antiquiert.

Proviant

Was des Berufsschülers Mäppchen verheißt?
Drinnen hat herrliche Häppchen er meist.

Profilneurose

Ungerührt
hat D. den Doktortitel keck geführt –
ohne dass ein solcher ihm gehörend.
Empörend!

Privatkontakt erhofft?

Bin Vertreter
für Thermometer –
und welch diskreter!

Poet ohne Idee

Ich gesteh' es in der Tat:
Bräuchte einen Fernsehapparat.

Plump

Eure Eleganz, Komtessen,
habt ihr heut beim Tanz vergessen.

Pfuscher

Kärglich hat Moritz massiert,
merklich hingegen kassiert.

Dies muss als Leut'-Verschaukeln gelten!
Möcht' Meister M. fürs Gaukeln schelten.

Patzer

Herr B. hat sich blamiert,
indem er "annulliert"
fälschlich variiert.

Hab's behutsam korrigiert;
schwer war er brüskiert
und furchtbar distanziert.

Patina

Einen Gassenhauer
kannte man erst spät genauer,
bot ihn in Konzerten dann auf Dauer.

Pädagoge zum Broterwerb

Mancher, der Kinder belehrt,
hat mürrisch ihr Wissen vermehrt.

Pädagoge ohne Pädagogik

Der stolze Studienrat,
den eine Gruppe brav um Hilfe bat,
hat frech die Jugend angepfiffen
und sich sehr im Ton vergriffen.

So lernt Nachwuchs nie mit Lust!
Hat's der Lehrer nicht gewusst?

Pädagoge ohne Humor

Vor Klassen sollt' der Miesepeter
nicht mal nur als Stellvertreter.

Pädagoge mit Spott

"Schreibe - und zwar schnell -
an die Tafel, was du bist",
flötet Doktor L.,
falls 'ne Null die Lösung ist.

Oberstudienrat

Auf seiner Fahne
steht "Schikane".

Oberclown?

Besondre Fragen seien fix skizziert:
Hat jemand, der nur imitiert,
die Welt auf Dauer amüsiert?
Hat er ihr imponiert?

Wird ihm wohl ständig applaudiert -
und bleibt er renommiert?
Verhält man sich mal reserviert -
vielleicht des Öftern auch pikiert?

Noten und Nöte

Partituren sind dem Dirigenten Labyrinthe,
sein Orchester sitzt halt in der Tinte.

Nepp im Hafenviertel

"Vergnügen finden Sie, Matrose." –
Betrügen Schreiber der Prognose?

Beträchtlich ist doch wohl genug,
was nächtlich ausgeübt an Lug und Trug.

Mutters Stütze

In einem ist Papa verlässlich:
Gibt es zu tun,
muss immer er ruhn,
hat Ausreden stets unermesslich.

Ein Gebieterleben führt
und keinen Finger rührt
der "Kavalier" daheim. –
Mama geht ihm auf den Leim.

Mutter Natur hilft

Traue ich berechtigt deinem treuen Blick?
Blaue Augen sind vielleicht ein Trick?

Musikalisch

Zwei Mädchen gingen durch 'nen Laden,
kauften auf Kassetten Serenaden,
ließen sie dann nie erklingen,
wollten lieber selber singen.

Musensohn

Poetisch ist der Ref'rendar ein Lichtchen,
entwirft aufs Steuerformular Gedichtchen.

Mentor mahnt Junglehrer

"Sucht ihr an der Themse,
Strolche, Bremen?" - -
"Werter Geograph, ich bremse
solche Themen."

Meinungsfreiheit der Zeitschriftenleser

"Formidabel sollen Sie berichten,
miserabel hier nicht dichten!"

Meinungsforschung

Vor kurzem die Befragung:
"Ihr Standpunkt zu Entsagung?"

Die Bürger haben sehr gelobt,
was sie noch kaum erprobt.

Marktfahrer mit winzigen Gewächsen

Er hält sich für 'nen Pälmchenhändler,
ist hingegen Hälmchenpendler.

Lütt und laut

Worüber sich Väter, die "Herren", beklagen:
"*Uns* sollt' des Babyleins Plärren behagen?!"

Lumpensammlers Ballvergnügen

Was beim Tanz der Mann,
wär' dies gebührlich, täte?

Um Altmetall er dann
natürlich bäte.

Lügen mit Übertreibung

Es hat im Blätterwald gerauscht:
Erlognes wurd' mit Wahrheit fix vertauscht,
zudem das Falsche aufgebauscht.

Leitartikel des Chefredakteurs

Falls 'ne Bemerkung, die klar,
gnädigst erlaubt:
Ihr neuster Kommentar
ist längst verstaubt!

Launisch

Mal ist Karla katzig,
wenig später patzig,
plötzlich nett,
ergötzlich fesch-kokett,
geschwind dann wieder gnatzig.

Larve

Mein sagenhafter Fachberater-Einfall
entpuppt sich als Theater-Reinfall.

Langsame Lehrerin

Weiter kommt sie nicht im Text,
die Ungeduld der Schüler wächst.

Kunst und Gunst
****

Kritische Nichtstuer

Statt nur zu reklamieren:
Das Bessermachen flott probieren!

Kram

Ein riesengroßer Keller
nahm en masse Gerümpel auf.

Wert war's keinen Heller -
doch Vater gab höchst Acht darauf.

Korrespondent

Habe das Papier zerknüllt,
mein Soll an Briefen nicht erfüllt,
in tiefes Schweigen mich gehüllt.

Komposition

Welch Lied am Weiher Unken proben?
"Der Bäume Wipfel prunken oben."

Kompensation

Niemals treibt der Faulpelz Sport –
und läuft im Traume Weltrekord.

45

Kommentiert statt geholfen

Täglich zankt die Mutter: "Kleiner,
kläglich bist du als Lateiner!"

Komisch

Privat war jener Komödiant
ein garst'ger Querulant.

Kleine Schwächen großer Herren

Sind diese schäb'gen Schürzenjäger
wirklich hoher Orden Träger??

Kleckerkellner

Er fand in einem Päckchen
ein dunkelblaues Fräckchen,
hat's angezogen auf der Stell' -
fleckig wurd's verblüffend schnell.

Klaviervirtuose?

Immer sah ich Tasten,
die zu meinen Fingern schwerlich passten.

Kitsch- und Kassenstar

Töne, die aus seiner Kehle gehn, sind Tand!
Und doch ist, dass er telegen, bekannt.

Sollt' niesen nur der Interpret,
gepriesen würd' er als Magnet.

Kinokasse einst

Hatten uns die Füße in den Bauch gestanden!
Kurz vorm Ziele kam Geduld abhanden –
wir verschwanden.

Kinderfragen – erstaunlich formuliert

Nennst du Lampen oft ironisch "Funzeln"?

Kann man allen Katzen trauen?
Dürfen sie wohl an Matratzen kauen?

Sehn wir telefonisch Runzeln?

Keine Sprechstunde für Studenten

Der Professor, sehr gelehrt,
ständig nur in sich gekehrt,
pflegte seinen Eigenwert.

Kein Erfolg

Nach jeglicher Regel der Kunst
warb Gustav vergeblich um Giselas Gunst.

Kaufmann als Kunde

Wollt' mit Mandeln
hurtig handeln.

Niemand mocht' sie haben,
konnt' mich selbst dran laben.

Kalkuliert

Dies Geschäft gewährte stets Rabatte,
welche man zuvor zum Preis gerechnet hatte.

Kaffee im Hotelzimmer

Auf dem Teppich - ach du Schreck:
Plötzlich ein enormer Fleck!!
Handtuch drüber - er ist weg!

Jedem Narren gefällt seine Kappe

Im Fasching die Fanfare
blies ein Bajuware.

Sein Radau klang furchtbar schrill,
die Hörer dachten: "Wär' er still!"

Der Starsolist hat forsch entschieden,
dass sie mit seinem Lärm zufrieden.

Ironie in Shorts

Theo wollte Tinas Taft verhöhnen,
darum ließ er "märchenhaft" ertönen.

Instinkt

Die Schafe fanden heim; es war ein Hirte,
der im Dunkel sich verirrte,
weil es ihn verwirrte.

Illegal

"Ihnen, Boss, sag' ich's direkt:
Ihre Machenschaften sind suspekt."

Horcher an der Wand

Was Louis mit Lauschen erreicht?
Im Öhrchen ein Rauschen vielleicht.

Höhe

Aus Holz ein schmuckes Häuschen
stand auf jenem Berg.

Es wohnte dort ein Mäuschen - -
schaute mitunter
neugierig runter,
meinte dann pfiffig und munter:
"Die Welt - sie ist ein Zwerg."

Hochglanz

Den Morgen hat das junge Paar genutzt,
Silberknöpfe heut im Seminar geputzt.

Hemmschuhe bei der Karriere

Spüren lässt sich's oft intern:
Türen gibt es, die den Weg versperrn.

Helfer

Freudig dacht' ein Heinzelmann:
"Gut, dass ich stets alles kann!"

Eines aber konnt' er nicht:
Nichtstun konnte nicht der Wicht.

Hausfrau und Handwerker

Die Arbeit machten Sie, des Meisters Sohn,
mir entsetzlich zum Verdruss mit Mängeln!

Fix verbessern - lautet meine Reaktion!
Nun beginnen Sie doch schon!
Rasch und zügig!! - Muss ich drängeln?

Hausball

Manche Männer, gut gebügelt ihre Hemden,
können sich zu Anstand und Benehmen
nicht bequemen.
Dies erzeugt Befremden.

Glücksrad

Wegen einer Tombola
Jubel und Allotria
in der ganzen Stadt –
weil jedes Los gewonnen hat.

Gesicht und Maske

Ein bekannter Kapitän
war zu Schiff recht souverän.

Was er an Land getrieben,
wär' besser unterblieben.

Germanist als Zirkusclown

Vorm sprachgewandten Herrn Magister
hat's Orchester sich verneigt,
da dieser wunderbar gegeigt.

Sein Instrument: ein Ölkanister.

Gerade noch bestanden

Es fühlt sich unvermeidlich
sehr gelehrt,
wer seine Bildung leidlich
einst vermehrt.

Gehilfe

Beflissen
kümmern sollte Max sich um den Mais,
vermissen
ließ der Mann trotz Mahnung jeden Fleiß.

Geflüstert

Bernhards Bad ist nagelneu,
seiner Wasserscheu
bleibt er dennoch treu.

Franziska, die bezaubernd zierlich,
wirkt bewundernswert possierlich -
aber ihr Verhalten: nie manierlich!

Fabrikant und elegant
****

Frühsport

Den Expander
zog ich mühsam auseinander -
habe in Gedanken aufgetrumpft.

Gleich ist er
- ohne Hin und Her -
geschrumpft.

Früh

"Tänzchen würden mir mit dir behagen." -
Hänschen sagt's zu Hannchen schon seit Tagen.

Freundin als Köchin

Gestern hat Carlo Kartoffeln gemocht -
schrecklich versalzen und halb nur gekocht.
Hurtig-verliebt hat sein Herz froh gepocht.

Frau Teddy und ihre beiden Jungen

Erzählt die Bärchenmutter
- sie gibt dem Pärchen Futter -
den Kleinen Ulk von Märchenbutter?

Flohmarkt

Es war in jedem Falle Tand,
was man an "edlem" Schmuckmetalle fand.

Fitnessferien

Ab muss ich mich rackern –
und berapp' das Ackern.

Feriengrüße

Zu Schiff auf dem Meere, dem tiefen,
als sämtliche Bordgäste schliefen,
    turnten froh
    Mäuse im Büro –
fidel von genossenen Karten und Briefen.

Feierabend?

Eine Gasthausangestellte teilte flink
- es genügte stets ein Wink -
Speisen und Getränke aus,
kam ermüdet spät nach Haus
und bediente ihren Mann,
der wohl nicht begreifen kann:
Ihr missfällt,
dass höchst faul er sich verhält.

Tätig ist der "Herr" im Sitzen,
seine Frau soll dennoch flitzen.

Fehlverhalten?

Amüsant wird unser Leben,
wenn viele was zum Besten geben.

Doch nicht jeden wird's erlaben,
wenn andre ihn zum Besten haben.

Fehler

Von einer Wirtin, die ihr Geld verprasst,
wurd' öfter schon geprellt der Gast.

Fata Morgana?

Es flogen Adler Reigen –
dies fanden Radler eigen.

Fassade

Es wurde jemand überschätzt,
der nur dummes Zeug geschwätzt.

Falsches Waschpulver?

Die Schwiegermutter hat's geschafft:
Enorm erschlafft - ist der Taft.

Falsches Image

Scheu macht auch 'ne Eule
dann und wann die Gäule.

Falscher Text - richtig gesungen

Die kecken Tenöre -
sie necken gern Chöre.

Fabrikantengattin mahnt ihren Freund

Obgleich du dein Talent versteckst
und schwerlich mal entdeckst:
Verfass geschwind 'nen Werbetext,
dass meines Mannes Umsatz wächst.

Extrawunsch

Den Künstler baten Gäste im Hotel:
"'nen Taler formen schnell –
mittels Karamell!"

Express?

Eine Fracht,
ins verkehrte Haus gebracht,
blieb drei Wochen dorten.

Schlamper und Konsorten
geben halt nicht Acht.

Etabliert

Jener Fotograf
erfüllte Kundenwünsche brav,
hat Bilder retuschiert
und Porträtierten ungeniert
zum bessren Aussehn gratuliert.

Ergebnis

Wer ständig schlechter Laune
und voller Ungeduld,
erwartet stets - man staune -
von andern sehr viel Huld.

Versagt man sie, ist's eigne Schuld!

Erfolgloser Tanzteeteilnehmer

Die zweite Gescheite
suchte das Weite!
Gigantische Pleite!!

Enttäuschung

Ein heitrer Dichter,
ein auf Publikum erpichter,
hatte nichts zu lachen –
denn niemand las je seine Sachen,
obschon die Leut' ja vieles machen.

Enttäuscht

Ein weitrer Dichter
bot Händlern seine Büchlein an.

Wie boshafte Richter
bekrittelten alle den Mann.

Emporkömmling

Dieser Chef ist garantiert
nie und nimmer qualifiziert,
sondern raffiniert.

Eitelkeit und Regenschauer

Munter rannt' ich
unter eine Traufe.
Dorten stand ich
mit Geschnaufe.

Übrig von meiner ganz neuen Frisur
blieb keine Spur.

Einzelgängerin

"Sind Eheringe sehr poetisch?"
fragte Fräulein Inge theoretisch.

Einzelfall?

Erst nach Dienstschluss rege
wird jener Herr Kollege.

Ehrgeiziger Lehrer

Ist denn wohl ein Neunmalklug
mit Gedankenhöhenflug
für *Ihre* Klasse gut genug?

Ehepaar im Schlafzimmer

"Ödest mich an durch dein Riesengeschnarch'!"
Schnödest gemuffelt hat dies "Patriarch".

Eckensteher

Ein eleganter Schirm für Regen
war äußerst wasserscheu - -
bei sonnigem Wetter hingegen
standhaft und treu.

Diamant und allerhand
****

Düfte aus der Nachbarin Küche

Darf ich Sie nachher besuchen?
Möchte Ihren Kuchen.
Bitte die Bestellung buchen.

Dreiecksverhältnis

Zwei Damen nahmen Platz,
begannen einen Schwatz -
es ging um beider "Schatz".

Vom Kavalier geschenkt
wurd' ihnen fast der gleiche Diamant.

Empörend ist's und allerhand,
was dieser Herr sich denkt!

Doppelt verhoppelt

Wie holzig Kraut und zähe Rüben
klangen im Duett Trompeten.

Die Bläser hat ein Clown gebeten,
ohne Ton zu üben.

Sie waren arg beleidigt
und haben sich verteidigt:

"Wo man hobelt, fallen Späne,
wo man probt, klingt manches schräg.
Wir schmieden große Pläne."

Die *zwei* sind *eine* Nervensäg'.

Disput erwünscht: Parodie oder Plagiat?
(Frank Wedekind könnte entscheiden)

War einmal ein Tennisball,
war zu leicht auf jeden Fall,
übers Feld schoss er hinaus,
kehrte nicht zurück nach Haus.

Die Spieler harrten stundenlang,
doch ist ein Ball kein Bumerang.

Dickkopf

Raschest ist Robert zum Kegeln gerannt,
obwohl dieser Kerl keine Regeln gekannt.

Dichter und Hotelportier

"Soll in dieser Jammerbleibe schreiben?" -
"Lassen Sie halt Ihr Geschreibe bleiben!"

Dialog beim Essen

"Verquer
ging's Kochen dir, mein Engel." -
"Sehr Ehr'
legt nicht ein dein Gequengel."

Denunziantin

"Haben anonym mich angeschwärzt,
Sie Hetzerin!"

Ihr Verhalten nannte höchst beherzt
die Schwätzerin.

Dennoch Zwillingsschwestern

Enthusiastisch - doch dilettantisch -
die Komödiantin,
phantastisch komödiantisch
die Debütantin.

Denkfehler

Gelöst hat sich 'ne Wolke
vom Volke -
fühlte sich auf weiter Flur
einsam und ganz klein,
motzte aber nur:
"Die andern lassen mich allein."

Dekoration

Geknurrt hat ein Korb für Papier:
"Zu welchem Behuf steh' ich hier?
Die Leut' werfen alles umher -
und ich bleibe leer."

Charakteristisches und Wirkung

Bedrückend ist des Mannes Aalesglätte -
beglückend seine Frau, die höchst adrette.

Bodenlose Frechheit im Bodensee

Mein wunderbarer Wasserball
schwamm davon! - Welch Zwischenfall!!

Blendendes Blech

Um eine Modekette
hat Rita sich gerissen.

Wenn sie nun keine hätte -
sie würde nichts vermissen.

Berufung

Erfolglos blieb der Dirigent,
Probleme gab es permanent,
Konzerte waren turbulent –
geschwind wurd' er Dozent.

Benzinverschwender(innen)

Wer sinnlos reist,
behauptet häufig dreist:
"*Ich* hab' Unternehmungsgeist."

Beginn

Studenten in Anfangssemestern -
sie leisten:
Bezüglich der Übungen lästern
die meisten.

Bedarf

Ich kenne verschiedne Kriterien
für schöne erholsame Ferien:
  Bequeme Schuhe,
  sehr viel Ruhe -
und zahlreich im Fernsehen Serien.

Bauernhof und Touristen

Morgens wird sich flott geregt
beim Pflücken,
mittags dann gepflegt
der Rücken.

Bitte nicht mit Kreide
Wiesen mähen.
Man vermeide,
nachts zu krähen.

Bauer als Bräutigam

"Lasse dein Gemecker, Engel,
über meiner Äcker Mängel!"

Bassist und Ensemble

Tummeln sich bei euch Soubretten?
Brummeln sie wohl in Quartetten?

Ballett

Ziegen schauen recht beflissen:
Fliegen tänzeln auf Narzissen.

Autoritär

Wie die Alten sungen,
zwitschern auch die Jungen.

Oft sogar wurd' drauf gedrungen,
wenn der Eltern Töne falsch geklungen.

Autobiographie

Sollt' der Rektor lügen -
könnt's der Lektor rügen?

Ausgewetzte Scharte

"Architekt, vergaßen Sie die Dusche?" -
Flott verdeckt den Fehler er mit Tusche.

Arbeitsverteiler

Viele Köche ruinieren jeden Brei.
Unserm Chefkoch - einwandfrei -
ist dies aber einerlei.

Appetit

Zwei Burschen gingen durch den Wald
und teilten sich 'ne Birne bald –
beschlossen fix, 'ne weitre sich zu gönnen.
Jeder hätte eine ganze essen können.

Anstand

Kommt für Ideale
das Finale?

Angepriesen

Schwache Akrobaten
glänzen nur auf den Plakaten.

Amtsanmaßung

Ein Kollege hat mir unentwegt,
dass ich künd'ge, in den Mund gelegt.

Akustik

Harmonisch -
so klang der Gesang in den Rängen.
Ironisch
verhielten sich drunten die Mengen.

Abstrakt

"Was wohl zeigt dies Aquarell?"
"Keinen Hund - nur sein Gebell."

Abiturienten und Fingerfertigkeit

Feiern wollt ihr, aber eine Festgirlande
bringt ihr keine Spur zustande.

Abfallprodukt

Für Lernende gab's eine Fibel,
die Rechtschreibung äußerst flexibel.
  Fehler weit und breit
  auf jeder Seit'!
Solch Schlendrian: schwerlich plausibel!

Abendsport

Hektik und Gerenne:
Kaputt fürs Fernsehn die Antenne!

Inhalt
******